DE LA

FORCE PUBLIQUE,

AU DEDANS ET AU DEHORS DE L'ETAT.

DES MILICES ET DE L'ARMÉE.

DE LA
FORCE PUBLIQUE,

AU DEDANS ET AU DEHORS DE L'ÉTAT.

DES MILICES ET DE L'ARMÉE.

PAR le Ch^er DE RICARD,

MARÉCHAL-DE-CAMP,

Auteur des Lettres publiées en 1787, sur les changemens qui s'annonçoient dans le systéme politique de l'Europe.

Remis manuscrit à M. le Président de l'Assemblée Natio-nale, le 23 septembre.

A PARIS;

Chez DESENNE, Libraire, au Palais-Royal.

1er Novembre 1789.

SECTION PREMIERE.

Principes de l'organisation de la Force publique.

SECTION II.

De l'organisation de la Force publique dans l'intérieur du Royaume, — sous la désignation de Milices Nationales.

SECTION III.

De l'organisation de la Force Militaire dans l'intérieur de l'Etat, — sous la dénomination de Milices réglées.

SECTION IV.

De la Force Militaire permanente, & d'une nouvelle organisation de l'Armée.

DE
LA FORCE PUBLIQUE,

AU DEDANS ET AU DEHORS DE L'ÉTAT.

DES MILICES ET DE L'ARMÉE.

NOUS proposerons que dans tout le Royaume une Force Nationale, prudemment dirigée par des réglemens uniformes, & diſtribuée dans de juſtes proportions, aſſure les bienfaits de la paix & des Loix ; nous demanderons que l'Armée ſoit ſolidement conſtituée ; que l'examen de notre ſituation actuelle, locale & politique, combiné avec une ſage économie, détermine ſa formation & ſon entretien ; que, pendant la paix, ſes corps ſe recrutent eux-mêmes, & qu'ils ſe répondent de ce qu'ils doivent être ; qu'au premier ſignal de la guerre, de nouveaux corps d'une Milice réglée

A

préparés, mais toujours inférieurs, par le nombre, aux troupes difciplinées qui les attendront, foient promptement à portée d'apprendre d'elles, en les imitant, quels font les vrais principes qui doivent difpoler de la valeur ; qu'une prévoyante organifation, dans l'intérieur de l'Etat, remplace fur le champ, par une nouvelle Milice également préparée à l'avance, celle qui aura joint les drapeaux des anciennes Bandes Françoifes ; & que cette Armée, toujours entretenue par la volonté & le courage des Citoyens, puiffe s'augmenter & fe fortifier fans ceffe, quand les hôpitaux & les combats affoibliront fes ennemis.

Ces premieres réflexions annoncent tout le fyftême de cet écrit.

SECTION PREMIERE.

PRINCIPES de l'Organifation de la Force publique.

LES Loix déterminent & prefcrivent les rapports de toute efpece entre les Citoyens, afin qu'ils jouiffent tous de la plus grande fomme de bonheur à laquelle ils ont droit de prétendre.

C'est pour maintenir les Loix que les Gouvernemens doux & modérés sont institués.

Le Gouvernement ne fait point la Loi , mais son devoir est d'en maintenir l'exécution, par l'usage de tous les moyens qui sont de son essence.

Le pouvoir qu'il exerce est le Pouvoir exécutif. Les moyens dont il se sert sont de plusieurs sortes.

Au nombre de ces moyens sont ceux qui naissent de la persuasion , de la volonté libre & de l'amour de l'ordre; la morale les donne, & la raison les emploie.

Si la raison étoit toute puissante , si les intérêts particuliers, les préjugés & les passions n'agissoient point, ou n'agissoient que foiblement, ces moyens moraux seuls donneroient aux Gouvernemens la force coactive suffisante au bonheur des Sociétés qu'ils dirigent.

Ces moyens ne sont pas suffisans ; mais ils sont infiniment utiles quand le Gouvernement se sert de leurs invisibles ressorts, & qu'il sait les employer avec sagesse & persévérance.

Ces moyens agissants sur le sentiment intime & sur les consciences, sont pris dans la Religion & les Mœurs.

Le respect pour les Décrets de l'Etre Suprême, tels qu'ils se font entendre dans le fond de nos cœurs, l'obéissance au culte établi, la décence des Mœurs soumise à des Réglemens publics, décence qui n'étant même qu'extérieure, adoucissant les ames & les assujettissant par le pouvoir de l'exemple, composent ensemble les principes de l'éducation; & l'éducation prépare toutes les vertus sociales.

Mais les intérêts & les passions agissent; & malgré le frein de la Religion, des Mœurs & les germes féconds de l'éducation, l'homme est trop souvent tenté d'être injuste envers son semblable, & de troubler l'harmonie sociale que les Loix prescrivent & que le Gouvernement doit conserver.

Il est donc indispensable que le Gouvernement dispose d'une Force active dont il puisse, dans toutes les circonstances, diriger les mouvemens & les effets, sans être exposé à des lenteurs de déterminations, ou à des combats d'une autorité partagée.

Cette Force active a deux manieres de s'exercer,

Elle doit se montrer ou agir, contenir ou punir, ce qui distingue & sépare les pouvoirs d'une Police générale, & les pouvoirs des Tribunaux.

Et comme il est plus sage & plus humain de prévenir les crimes que de les punir, les premiers devoirs des Gouvernemens sont ceux d'une surveillance continuelle, de l'emploi uniforme &

prudemment diſtribué d'une force prête à agir de toutes parts, pour l'exécution des divers Réglemens de concorde & de paix.

C'eſt en combinant l'action & le reſſort de la Religion, des Mœurs & de la Police publique, qu'on prévient un grand nombre d'injuſtices & de crimes ; mais on ne les prévient pas tous. Ici commence le pouvoir des Tribunaux.

Ce que de ſages inſtitutions n'ont pu obtenir, des jugemens le preſcrivent ; & c'eſt à leur appui que le Gouvernement ne peut ſe diſpenſer de prêter la force active dont il diſpoſe. La Loi veut, les Tribunaux promulguent & ſurveillent, le Gouvernement fait obéir.

Le Gouvernement eſt donc l'inſtrument de la Loi, ou plutôt, il a en ſa puiſſance, & il fait agir l'inſtrument dont la Loi ſe ſert, & cet inſtrument eſt la FORCE PUBLIQUE, ſoit qu'elle ſe compoſe d'une force nationale intérieure, ou des diverſes parties d'une Armée ſtipendiée.

Chacun ſait que par ce mot Gouvernement, on entend ce que peut & ce que doit entreprendre le Pouvoir exécutif.

Ce Pouvoir eſt un ; il agit ſeul : ce n'eſt qu'en adminiſtrant qu'il ſubdiviſe ſes moyens ; & c'eſt dans ce ſens que ſon autorité ſe nomme celle du Gouvernement.

Le Pouvoir légiſlatif n'a point de force qui lui appartienne eſſentiellement ; il eſt comme ſous l'étendart où ſe ralient toutes les forces éparſes qui le font reſpecter ; il eſt le bien de tous que tous doivent défendre.

Le Pouvoir exécutif n'a point de volonté qui ſoit primordialement à lui ; il n'a que la volonté de la Loi.

Ces deux Pouvoirs, ſi malheureuſement ils ſe trouvoient réunis ſous une même volonté, compoſeroient le Pouvoir arbitraire ; car on pourroit faire plier la Loi, qui ne ſe défend point d'elle-même, au gré des projets que la force auroit conçus ; on pourroit l'amener à conſentir les injuſtices qu'on voudroit commettre.

L'action du Pouvoir exécutif eſt donc ſéparée du *vœu* du Pouvoir légiſlatif, par les mêmes raiſons que celui-ci ne dépend point du Pouvoir qui exécute.

Le Pouvoir exécutif, ce défenſeur des amis de la Loi, cet ennemi de ceux qui voudroient l'enfreindre, ne peut point ſe partager ; car s'il agiſſoit partiellement & en concurrence, il ſeroit, ou pourroit être contrarié, affoibli, & ſouvent nul dans ſes effets.

Dans une Monarchie mixte & moderée, ce pouvoir eſt entier dans les mains du Monarque, par la raison décisive qu'on risqueroit souvent d'atténuer ou de perdre la Force coactive, si l'on en divisoit l'action.

Il suit de ces principes réunis que la force, proprement dit, s'emploie pour l'exécution de la Loi, qu'elle agit selon l'impulsion que le Gouvernement lui donne, & que le Monarque dirige cette impulsion de la maniere prescrite par la Loi.

Dès que le pouvoir de faire exécuter, ne dépassant point les limites posées par la Loi, se trouve, sans partage, dans les mains du Monarque, les moyens sans reserve, convenables à l'exécution, s'y trouvent aussi, comme des dépendances de ce premier pouvoir ; & le dernier, le plus extrême de ces moyens, est l'emploi de la Force militaire.

Cette Force se divise en deux parties distinctes & séparées.

Dans l'intérieur du Royaume, elle doit agir sans cesse, pour que les différentes classes de Citoyens s'accordent entre elles, ou se nuisent le moins qu'il est possible. Sous cette désignation cette Force centrale doit être confiée à des Milices Nationales.

A l'extérieur, cette Force se nomme l'Armée ; elle n'agit que par intervales, & particulierement,

lorſque le Monarque, en déclarant ou acceptant
a guerre, employe des Troupes ſur les frontieres
ou ſur des terres ennemies pour l'intérêt ou la
gloire de ſa Nation (1).

---

(1) Les Ordonnances & les Loix qui impriment l'action & le mouvement aux Armées ſont interprétées dans
le Code de la Juſtice des Peuples ; la rédaction de
cette morale univerſelle, ſous la dictée de quelques
hommes de génie, qui avoient conſacré leur vie à
d'utiles méditations ſur les principes de l'équité naturelle, a été nommée le *Droit des gens*. — Quelle-
que ſoit la forme de Gouvernement que les Peuples
aient voulu adopter, l'explication & l'emploi de ce
Droit appartiennent au Pouvoir exécutif : & lors même
que les Républiques l'exercent, ce n'eſt qu'en vertu de la
partie exécutive des attribus réunis de leur puiſſance
dont elles ſe ſont réſervées l'uſage. La Légiſlation ne
peut avoir dans les Etats que des effets intérieurs ; &
c'eſt par ce motif que la Force militaire, quand elle
n'eſt point employée hors des limites de ces Etats, doit
être ſous une premiere dépendance générale de la Loi.
— Le Pouvoir légiſlatif conſidere les rapports de Citoyen à Citoyen ; & dans ce cas, il diſpoſe de la cauſe
& des effets ; mais dès qu'il eſt queſtion de l'Armée
les effets que ſon action produit ne dérivent plus d'un
pouvoir qui n'eſt pas celui de les meſurer ni de les
preſcrire, parce que ces effets ſont variables ſelon les
volontés & les entrepriſes des armées ennemies, ſelon les
traités des Puiſſances oppoſées, & l'union fédérative de

Quoique ces deux parties de la Force publique
foient diſtinctes & féparées, elles peuvent & doi-

---

leurs projets. Il n'ya plus, entre des Etats qui fe déclarent
ennemis, de Loix communes, ni de médiateur commun ;
la Force agit feule alors, par l'impulfion que lui communi-
quent les différens Pouvoirs exécutifs des Puiſſances qui fe
font la guerre. — Dans un Etat monarchique modéré, où la
puiſſance d'exécuter appartient au Monarque, l'Armée
doit donc être maintenue fous fon pouvoir ; les traités
de paix ou d'alliance, les confédérations qui font que
l'Armée agit ou n'agit pas, font dans fes mains, puifqu'ils reglent la force qu'il convient d'employer & la
direction qui doit lui être donnée: & lorfque les Nations fe croyent intéreſſées à exiger que ces traités
leur foient repréſentés, ce n'eſt que par les rapports
inféparables qu'ils ont avec les fubfides extraordinaires
& les facultés des Citoyens. Ainfi, quoique le droit
de la paix & de la guerre foit attribué au Monarque,
le droit conjoint d'accorder les fubfides appartenant
aux Nations, elles ont fecondairement une influence
confidérable fur ces mêmes traités qu'elles ne veulent
ni conclure ni rejetter par un pouvoir direct. —— Les
traités de commerce, les accords, ou les prohibitions,
qu'ils ordonnent, font également conclus par le Monarque ; mais ils dépendent plus particuliérement de
l'examen auquel la Nation a intérêt de les foumettre,
puifque les réfultats de femblables traités font dirigés
dans l'intérieur des Etats, qu'ils n'ont que des effets
relatifs aux Puiſſances étrangeres ; qu'ils ne font que
des conditions libres ou des actes prohibitifs auxquels

vent même s'offrir mutuellement des secours intimes & décisifs.

Selon une premiere supposition, lorsque les Commandans des Troupes réglées sont invités par les Officiers Municipaux, à maintenir la police générale, ou par les Officiers de Justice pour le maintien de leurs jugemens.

Selon une seconde supposition, lorsque le Monarque trouve à propos de réunir & d'augmenter ses ressources Militaires, de recruter son Armée, & de la renforcer avec le secours de tous les bras que la Patrie appelle à sa défense.

Si ces maximes sont évidentes, si les limites des deux grands Pouvoirs sont justement placées, si la destination de la Force active est clairement énoncée dans le peu de mots qui précedent, sans doute, & conséquemment à ces maximes, les vues générales que l'on va proposer pour l'organisation

---

il peut être librement opposé des réglemens d'une prohibition pareille. — Le pouvoir de déclarer & de terminer la guerre & de conclure les traités qui l'éloignent ou qui l'occasionnent étant donc d'une autre nature que les conventions commerciales, les uns appartiennent au Pouvoir exécutif des Etats, les autres à des intérêts de Nation, sur lesquels les Nations doivent être consultées. — Cette distinction est érigée en principe & observée par le Parlement d'Angleterre.

des Forces de la Nation, tant au dedans qu'au dehors, paroîtront juftes & raifonnables.

SECTION II.

DE l'organifation de la Force publique dans l'intérieur du Royaume, fous la défignation de Milices Nationales.

LA Force publique dans l'intérieur de l'Etat, ne peut point être habituellement ni exclufivement exercée par l'Armée, parce qu'on pourroit appréhender que l'entiere liberté, dont le Pouvoir légiflatif doit jouir fans interruption, ne fût attaquée, ou du moins, gênée par des craintes continuelles.

On auroit lieu d'appréhender encore, que le Soldat ne fût point affez Citoyen par fes volontés, ou qu'il le fût trop par fes habitudes; dans le premier cas, il gêneroit les libertés individuelles, & dans le fecond, il énerveroit fa difcipline.

Ces juftes fondemens de crainte fuggérent deux réfultats.

Le premier, que le Citoyen doit être défendu par le Citoyen; & que l'établiffement d'une Mi-

lice Nationale dans les villes eft, pour les tems
même les plus calmes, d'une utilité reconnue.

Le fecond réfultat eft que le Citoyen légalement armé, a un droit naturel, que le Soldat
ne peut exercer que quand il lui eft concédé dans
des fituations particulieres & urgentes ; parce que
c'eft fon propre droit que le Citoyen défend,
que l'homme coupable de révolte envers la Loi,
perd, par le fait même, fon droit de Patrie, &
que c'eft alors que l'honnête Citoyen qui con-
ferve fon droit originaire, doit être employé à
contraindre ou à punir celui qui a perdu ce droit.

Cependant, dans le cas, heureufement très-
rare, de grands troubles, d'une épidémie morale
qui, augmentant le nombre des coupables, met-
troit le Corps politique en danger, le fecours
auxiliaire d'une partie de l'Armée, deviendroit
indifpenfable, & elle rempliroit alors, en agif-
fant, un de fes plus précieux devoirs.

Le Pouvoir exécutif chargé, pour fe conformer
au texte de la Loi, de maintenir la fûreté publique, a non-feulement le droit, mais la plus
étroite obligation de placer des Troupes réglées à
portée des lieux où leur préfence peut être utile ; &
la deftination de ces Troupes ne peut être accordée

qu'à l'invitation légale des Officiers Civils ou Municipaux (1).

---

(1) Il n'exiſte que trois Pouvoirs : le Pouvoir légiſlatif eſt exercé par la Nation ; l'exécutif par le Roi ; le Judiciaire par les tribunaux & au nom du Roi. Les Municipalités qui n'ont aucun de ces Pouvoirs, parce qu'elles n'ont aucune des trois portions de la Souveraineté, ne peuvent certainement exercer que des droits concédés, qu'une autorité dépendante dont elles doivent compte à un Pouvoir primitif ; pour le fait de la Police générale qui leur ſera particuliérement confiée, c'eſt comme Adminiſtrateurs délégués qu'elles agiront ſans ceſſe ; qu'elles compoſeront & dirigeront les Milices chargées de la ſûreté des Villes & de la conſervation des propriétés, & que, dans des cas extraordinaires, elles demanderont des renforts de Troupes réglées. Les Municipalités exerceront donc une premiere Police immédiate ; &, comme elles repréſenteront dans chaque Ville l'univerſalité de ſes Habitans, il ſera vrai de dire que le corps des Citoyens ſera, en quelque ſorte, chargé de ſa propre police, que chacun d'eux pourra prétendre à l'honneur d'en devenir le conſervateur ; & cette prérogative fixe l'étendue de la plus grande Liberté, dont les ſujets d'une Monarchie puiſſent jouir : mais ces diverſes autorités dérivent toutes du centre commun où ſe trouve le Monarque. Si l'autorité de promulguer des Réglemens indépendans ou de donner des interprétations arbitraires, étoit accordé à toutes les Municipalités, il eſt évident qu'elles pourroient agir en ſens oppoſés les unes

Dans tous les cas possibles, l'action des Troupes réglées dans l'interieur de l'Etat, ne doit-être considérée que comme un Secours accessoire exigé pour la sûreté publique. Le droit honorable de défendre les Loix, de protéger les foibles, de conserver la paix est le plus beau droit des Citoyens; au moment présent, tous l'ambitionnent ou se le partagent; le courage, l'humanité, l'honneur François seront à jamais les garants de la conservation de ce droit précieux. Lorsque des Troupes réglées seront invitées par les représentants des différents Corps de la société à se joindre aux Troupes Nationales, elles s'empresseront de seconder leur Patriotisme & de contribuer au succès de leurs soins.

Dans ces cas extraordinaires, les Troupes réglées

---

des autres, que la libre circulation des subsistances pourroît être gênée ; que ne croyant agir que pour leurs intérêts, & ne connoissant point les rapports d'abondance & de disette des différentes Provinces , elles occasionneroient, sans le vouloir, de grands désordres dans le Corps de l'Etat. Une Loi générale que le Pouvoir exécutif aura sanctionnée, & une soumission uniforme & convenable à l'esprit & aux termes de la Loi primitive consentie, seront les deux seules bases dont l'union intime deviendra indispensable à la sûreté & au bonheur de la Nation.

ne font point aux ordres des Municipalités , elles ne peuvent point changer de chefs ni de nature, elles agiffent de concert avec les Milices Nationales, elles doivent s'incorporer avec elles , & donner à une valeur commune à tous, ce que peut ajouter la difcipline qui leur eft particuliere.

Il fuit de ces vérités , que le Citoyen étant le premier gardien né des propriétés, & nétant point falarié , fon fervice ne doit pas être affujetti à une difcipline févere, à des reglas gênantes, mais feulement à des réglemens Municipaux , applicables felon les différences de l'étendue des villes, de la population des villages qui les avoifinent & des localités des Provinces.

Il fuit encore de ces vérités, que les divifions par compagnies, le nombre d'hommes, le choix des Officiers doivent être foumis aux defirs du plus grand nombre des Citoyens repréfentés par leurs Officiers naturels.

Et comme il réfulte de cette grande quantité de Corporations une force confidérable, généralement répandue dans le Royaume, il eft du devoir du Pouvoir exécutif de la connoître, de la moderer ou de l'augmenter felon les circonftances.

Pour remplir cet objet, les Municipalités enverront chaque année aux approches de l'hiver, faifon où la longueur des nuits & la privation des reſſources dans les Campagnes, rendent la Police des Villes plus difficile, un état exact de leurs Milices. Ces états partiels, adreſſés au Gouvernement, le mettront à portée d'apprécier la force générale des Milices Nationales exiſtantes, & de proportionner les ſecours des Troupes réglées, aux beſoins divers qu'on aura cru appercevoir.

Ces états ſeront renouvellés chaque année, parceque des changemens de domiciles & pluſieurs autres motifs exigeront, pour l'exactitude, de fréquentes variations.

Dans ces états, ſeront ſeulement compris des Citoyens domiciliés de l'âge de dix-huit ans, juſqu'à celui de cinquante, poſſédant des biens propres, ou du moins, affermés.

Leur ſervice ſera effectif ſelon les rôles Municipaux, ou par remplacement de gré à gré, mais ſeulement par des Citoyens également domiciliés, & compris dans les Milices de la même Ville.

Ces qualités de domicilié & de propriétaire ſont exigées par deux motifs ; afin que la compoſition de ces Milices Nationales ſoit moins variable, & afin que la claſſe des Citoyens honnêtes qui n'ont point de propriété, puiſſe fournir aux Troupes réglées de plus fortes recrues, ſans enlever aux ouvrages des arts, un trop grand nombre

bre

bre d'Ouvriers, & aux Campagnes, un trop grand nombre de Cultivateurs.

Après avoir écarté presque toutes les gênes que cet établissement peut faire craindre, on ne dissimule point qu'il ne reste quelques liens assujettissans ; ils sont le prix par lequel la liberté modérée se paie à elle-même tout ce qu'elle vaut. Et il est indispensable que les Réglemens qui dirigeront les Municipalités, soient observés avec exactitude, dans les tems les plus calmes, afin qu'ils puissent servir à leur usage convenable, lorsque le maintien de la tranquillité publique les rendra nécessaires.

Dans le nombre des Villes sera comprise une partie des Bourgs qui ont une population moyenne évaluée à six mille ames. Ces lieux, quoiqu'ouverts, peuvent être assimilés aux Villes, ayant, dans une proportion inférieure à leur égard, des branches de Commerce, des Manufactures & une richesse qui a besoin d'être protégée.

Tous les autres autres Bourgs d'une moindre population, les Villages & les Hameaux n'auront point de Milices Nationales, parce que les intentions & les habitudes de l'Agriculteur paisible ne doivent point être altérées par des habitudes opposées, qu'un Peuple continuellement Cultivateur, ne doit être qu'accidentellement armé ; que le tems employé à des gardes Militaires, seroit un tems dérobé à la culture & à tous les travaux précieux de la Campagne ; & qu'une foule immense de petits Propriétaires, de Journaliers, quelquefois jaloux les uns des autres, munis d'armes offensives, ne recevroient pas de leurs Municipalités foibles & éparses sur de vastes terreins, une surveillance assez immédiate (1). Cependant les Campagnes doivent être défendues.

---

(1) C'est par une gradation de dépendances & des sacrifices mutuels, que les sociétés s'entretiennent, que les Gouvernemens agissent , lorsque des volontés & des forces qui peuvent se distribuer & se mouvoir en sens contraire , cesseroient de s'assujettir à un lien commun, celui du Gouvernement, la Loi deviendroit impuissante, car elle n'est qu'un être moral auquel le Gouvernement donne un corps visible & agissant. ⌐ Mais comment la volonté du plus fort s'assujettira-t-elle à un ordre général & uniformement dirigé vers le bien de tous ? Ce sera par la seule impuissance de faire usage de l'excédent nuisible de ses forces. Si le Gouvernement permettoit, sans exceptions, que l'on fût armé dans les Campagnes, l'indépendance s'y montreroit avec le dégoût des travaux pénibles , & les Villes seroient exposées à toutes sortes de dangers. C'est dans les Villes où sont les arts, les richesses & les jouissances faciles ; c'est dans les Campagnes où se trouvent la peine, les fatigues & souvent la

Pour y pourvoir, les Bourgs, Villages, & Hameaux, feront dépendans chacun de leur Diftrict

---

mifere ; c'eft celui qui poffede tout, qui a tout à redouter de celui qui ne poffede rien. Que l'on arme indiftinctement les Cultivateurs, les cultures s'affoibliront, les fubfiftances diminueront en quantités & augmenteront de prix ; des mercenaires fans reffources, preffés par l'infortune & les befoins, feroient peut-être entre eux des affociations hoftiles ; après avoir agi au plus près, contre des poffeffions fans défenfe, ils iroient chercher de nouveaux riches derriere les murs des Cités. — Mais les dangers de la force confiée à des Citoyens, ne feront point à craindre dans les Villes où le coupable eft entouré de furveillans dont il ne peut éviter les regards, où les entreprifes de quelques audacieux font contenues par la préfence du plus grand nombre. On n'aura point à redouter dans les Villes les armes des Citoyens ; prefque tous y font propriétaires d'un bien acquis, ou d'une induftrie qui travaille pour acquérir ; les intérêts enfin, y font réciproques, & ramenent, par l'attrait des jouiffances honnêtes, à l'empire de la modération. Que l'on établiffe donc des Milices dans les Villes, & qu'elles défendent les Campagnes ; ces Milices ne feront jamais trop nombreufes ; vouées à la Patrie elles font inftituées pour fa plus prochaine défenfe, elles rempliront ce devoir facré, elles ne fe lafferont pas d'une peine & d'une dépenfe nouvelle ; on ne craindra point qu'elles s'abandonnent à des defirs d'économie & de repos, & que des confidérations perfonnelles les invitent à négliger

défigné ; ceux qui avoifinent les Villes, feront fous la garde immédiate des Milices de ces Villes ; ceux qui en font éloignés, feront défendus par les Maréchauffées difpofées à leur proximité, & par quelques cantonnements de Cavalerie & de Dragons placés à leur portée.

Les Habitans des Campagnes feront fecondairement protégés par ceux d'entre eux qui auront eu des Municipalités de leurs Chefs-lieux, la permiffion d'être armés ; permiffions qui ne pourront cependant avoir leur effet qu'après l'autorifation qui leur fera donnée, fur les demandes des principaux Officiers civils, & en vertu des états & des motifs qu'ils préfenteront.

Enfin, par un Réglement particulier, trois Habitans Notables dans chaque Bourg ou Village, feront défignés par leurs Communautés pour veiller à leur premiere sûreté ; en cas d'alarme, ordonner

---

des devoirs publics. On fe hâtera d'établir une mefure, une réciprocité de protection, de confiance & de bienfaits entre les Villages & les Cités, & celles-ci, par un jufte tribut de reconnoiffance, favoriferont, protégeront les hommes laborieux qui les nourriffent par des travaux continuels, dont il importe infiniment de ne jamais les diftraire. Telles ont été dans tous les tems, les vues politiques des plus fages Légiflateurs pour établir une Police bienfaifante, & prévenir les défordres publics.

que le tocsin soit sonné, selon des signaux différens & connus des Habitans, afin que la nature du danger & des secours convenables, & le choix dès lieux d'un premier rassemblement soient énoncés dans tous les cas prévus, & qu'on puisse, en avertissant de l'espece de péril réel, prévenir toutes les fausses terreurs.

Par un apperçu assez généralement adopté, en supposant dans les Villes & Bourgs principaux dix millions d'ames, & le dixieme de ce total en état de porter les armes, on aura un million de Citoyens en défense, un million de Propriétaires légalement armés, pour que les possessions de tous genres soient conservées contre les entreprises de cette foule dispersée d'Etrangers & d'Habitans sans domicile & sans propriété, paisibles & utiles quand une Police générale les contient, entreprenans & dangereux, lorsqu'ils croiroient pouvoir l'être avec impunité.

En déterminant les rangs effectifs & journaliers seulement au dixieme de ce million existant, il en résultera un corps de surveillance de cent mille hommes, répandus sur la surface entiere du Royaume, & continuellement attentifs à sa sûreté.

Selon ce plan de précautions & de défense, le Pouvoir exécutif, allié fidelle de la liberté gé-

nérale, affofiera les Municipalités à la furveillance qui lui appartient ; les devoirs qui en réful-
teront, feront bien importants : car, la liberté a
fes limites circonfcrites ; des habitudes ferviles ne
permettroient pas qu'on imaginât de les atteindre,
la licence ne doit pas les franchir. De nouveaux
Réglemens concernant les Municipalités feront
les Confervateurs d'une liberté convenable ; on
en fera inceffamment redevable aux travaux &
aux lumieres de l'Affemblée Nationale.

SECTION III.

*DE l'organifation de la Force militaire dans
l'intérieur du Royaume, fous la dénomination de Milices réglées.*

LES Milices des Villes protégent l'intérieur du
Royaume, les Troupes réglées en défendent l'ap-
proche aux ennemis du dehors ; celles-ci, dans
les tems de trouble, s'uniffent aux Citoyens, &
les Citoyens doivent, à leur tour, fournir les
remplacemens néceffaires pour que l'Armée foit
entiere dans tous les tems, & que fa compofition
foit conftamment maintenue felon les formes & les
proportions qui auront été jugées convenables aux
vrais intérêts de la Nation.

Les Milices Nationales des Villes ont leur deſtination preſcrite, & ce n'eſt point elles qui doivent pourvoir à ces régénérations de l'Armée que le tems rend indiſpenſables.

C'eſt parmi les habitans des Villes non domiciliés, non claſſés dans les Milices, & les habitans des Campagnes que doivent être priſes les recrues ordinaires pendant la paix, & les ſupplémens extraordinaires aux approches de la guerre.

L'Armée dont une économie vigilante aura, par approximation, déſigné la force pendant la paix, en ſe conformant cependant aux proportions variables que ſuggérera le tableau mouvant de la politique de l'Europe, n'auroit pas, pendant la guerre, une force ſuffiſante relative à celle de nos ennemis naturels.

Il ſera donc néceſſaire d'avoir dans le Royaume un Corps non actif, mais préparé, qui puiſſe donner, en très peu de tems, ce ſupplément de force dont on ne peut ſe paſſer; & ce Corps, ainſi diſpoſé, ne peut être qu'une *Milice réglée.*

Conſéquemment, on abolira, ſelon le vœu de preſque toutes les Provinces, l'ancienne Milice & ſon régime oppreſſeur & ſa voie biſarre du ſort, & ſa dépendance des Intendans & des Subdélégués : & l'on établira, à ſa place, une Milice ordonnée & limitée par la Loi, & dont tous les Membres feront librement offerts par des engagemens volontaires & librement acceptés par la totalité des Citoyens, comme un des principaux tributs qu'ils doivent à la chofe publique.

Cette Milice de la Nation fera compofée d'une premiere partie *exiftante*, & d'une feconde partie *fuppléante*, défignées à completter chacune le nombre de foixanté mille hommes.

On ne parlera dabord que de la Milice réglée exiftante.

Les rôles des répartitions feront ordonnés par communautés. Les états qu'on envoyoit pour les enrôlemens des anciennes Milices, fe trouvent faits pour fervir à dreffer les états de la nouvelle Milice réglée. Et lorfqu'on aura mieux établi, mieux calculé la force refpective des Provinces, mieux déterminé par les diverfes populations, l'étendüe des diftricts & la pofition des chefs-lieux; ce travail affurera fur toute la furface du Royaume des diftributions aifées & l'exécution d'une regle uniforme, dégagée de toutes prédilections.

Chaque Communauté fera obligée de fournir le nombre d'hommes qu'il lui fera prefcrit de donner, elle en répondra, s'obligeant d'abord au remplacement effectif, en cas de mort ou de défertion; & enfuite, au paiement d'une fomme déterminée, pour tenir lieu de fecond & dernier remplacement, fi le Milicien & le Suppléant manquent à la fois.

Le Milicien doit promettre les qualités que le Soldat doit avoir ; & le pouvoir de l'accepter ou de le refufer eft très-important, puifqu'une partie de la force de l'Armée dépendra un jour, de ce premier choix. Des infpections exactes feront donc néceffaires.

Elles feront confiées à des Officiers qui auront une expérience acquife, parce qu'ils font les feuls juges naturels des qualités du Soldat; elles ne feront point confiées à des Officiers étrangers aux Cantons qu'il s'agira de parcourir, elles deviendront l'occupation habituelle & honorable des Officiers retirés du fervice & domiciliés dans leurs provinces. Ces Officiers défignés par le Gouvernement, feront autorifés de fe concerter avec les Municipalités, & de fe refufer à de mauvais choix. Le Gouvernement les dédommagera par des gratifications annuelles, des frais de déplacement auxquels ils feront affujettis.

Les Miliciens nationaux ne font point encore des Soldats & ne doivent pas être foumis aux punitions des délits Militaires ; mais s'ils défertent, leur infidélité les rend coupables envers la Patrie; & c'eft à leurs Officiers municipaux feuls qu'il peut appartenir de les pourfuivre pour raifon d'engagemens faits à prix d'argent, & qu'ils n'auroient point tenus.

Les Milices réglées feront diftribuées par divifions, & de maniere que dans le cas d'un raffemblement général par Diftricts, elle compofent aifément des compagnies & des corps réguliers.

Ces Milices n'auront point d'uniformes, ni d'Officiers défignés en tems de paix ; on ne doit les confidérer que comme des *Dépôts connus* de Citoyens annoncés pour être des Soldats au début de la guerre.

On s'apperçoit que cette inflitution qui fuffit à l'objet qu'on fe propofe, épargnera les tourmens que donnoit l'ancienne Milice , & les terreurs qu'avoient éprouvées ceux-là même que le fort venoit d'épargner. Sans la néceffité d'aller au fecours de la Patrie , on n'enlevera plus le cultivateur à fon champ & l'ouvrier à fon attelier ; la victime d'un billet noir fera remplacée par l'homme libre, qui traitera volontairement du prix qu'il attache à fon fervice.

Cependant, il eft utile , d'une part, que les Soldats annoncés pour l'avenir foient foumis à une furveillance qui conftatera leur exiftence continuelle ; & , d'une autre part , que fans les priver de leur induftrie & du falaire de leurs travaux journaliers, on puiffe leur donner

les premieres inſtructions qui devront un jour leur
être néceſſaires.

Pour ſatisfaire à ce ſecond objet, tous les Dimanches, hors ceux de la ſaiſon où ſe fait le plus grand
travail des champs, les Miliciens ſe raſſembleront
dans les chefs-lieux de leurs arrondiſſemens, dont
chacun n'aura tout au plus que deux lieues &
demie d'intervalle de ſon centre à ſa circonférence;
ils y ſeront en préſence de leurs Officiers municipaux, auxquels la police de ces raſſemblemens
ſera confiée.

Des Officiers habitans des lieux voiſins, des
Sergents ayant eu leur congé abſolu, & ſéden-
tairement à portée des arrondiſſemens convenus,
exerceront, pendant quelques heures, cette Milice au premier maniement des armes.

Les principaux Officiers civils du Diſtrict,
auront chez eux les fuſils qui ſeront prêtés à l'e-
xercice, & rendus enſuite aux divers dépôts, dont
ils auront été tirés.

L'honneur & le patriotiſme confient à d'anciens
Militaires les premiers ſoins de ce noviciat. Ces motifs doivent perſuader qu'aucun d'eux ne refuſera ſa
ſurveillance; & ſi elle exigeoit, de leur part,
quelques légeres dépenſes, les Aſſemblées pro-

vinciales seroient autorisées à ordonner de foibles
dédomagemens proportionnés (1).

____

(1) Quelques détails (nous les supprimons presque
tous) paroissent cependant nécessaires. — L'état de
l'Armée, tel que nous le proposerons, ne sera que
provisoire ; mais les moyens les plus aisés de passer
de la composition régimentaire à une composition légionnaire, ont été prévus & préparés. Nous ne par-
lerons que des Régimens, puisque la formation légionnaire n'est qu'indiquée. — Les Régimens entretien-
dront leur complet de paix par des recrues ordinaires ; leur complet de guerre sera fourni par les Milices
réglées. — La proportion entre la troupe formée qui
recevra, & la troupe nouvelle qui sera reçue, sera
toujours au moins comme de trois à deux. — Le
Royaume sera divisé en quatre-vingt-huit Districts militaires. — L'étendue de ces Districts sera réglée par
la population, & non par les bornes actuelles des Provinces — Quatre Districts fourniront ensemble, pour
leur *Milice existante*, le premier complet de guerre
d'un Régiment. — Ils formeront, pendant la guerre
& quand les circonstances l'exigeront, le grand complet par leur *Milice suppléante*. — Chacun de ces deux
corps effectifs de Milices sera, pour chaque District,
de 500 hommes. — Les quatre-vingt-huit Districts
donneront, en totalité, un premier corps existant de
quarante-quatre mille hommes, & un second corps
pareil suppléant. — Seize mille hommes restant du
nombre de soixante mille pour chacun des Corps de
Milices & pour les quatre-vingt-huit Districts, se-

Il reste pour le complément de cette section, à désigner quelles seront la composition & la desti-

---

ront destinés à nourrir le complet de l'Infanterie, de la Cavalerie, & des nouveaux Corps qu'on aura jugé nécessaire de créer. — Dans le nombre de quatre Districts, il y en aura un principal, auquel les trois autres correspondront. — Chaque Chef régimentaire sera en correspondance avec le District principal qui devra lui procurer le complet de son Corps. — Ce Chef joindra toujours à l'état effectif de son Corps, l'état nominal de la partie de la Milice qui doit lui appartenir, & les états successifs des changemens qui surviendront. — Ce Chef millitaire n'aura point d'ordres à donner concernant les Municipalités. — Le Gouvernement seul sera modérateur entre le Chef qui devra recevoir, & la Municipalité qui devra fournir. — Le Gouvernement sera, sur cet objet, le conservateur de la loi qui aura été prononcée, & il en maintiendra l'exécution par tous les moyens qui sont de son essence. — La formation & l'entretien du complet des Milices réglées seront uniquement sous l'autorité du Gouvernement, dont l'administration aura été confiée aux Municipalités des Districts. — Ce seront elles qui auront fait les engagemens des Miliciens de gré à gré. — Le protocole des engagemens sera uniforme & prescrit inviolablement. — Le montant des engagemens sera composé de deux sommes : l'une fixe, comme la représentation d'une redevance personnelle ; l'autre de supplément, selon sa volonté & l'espece des hommes qui s'offriront aux municipalités. — Ce sera

nation de soixante mille Miliciens suppléants dont
on a fait mention.

____

cette seconde somme que chaque homme recevra au
moment de la signature de son engagement. -- Il ne
recevra la somme fixe qui lui sera due, & les intérêts
compris, qu'au moment où il joindra le corps auquel
il doit appartenir. -- Les états des Milices des districts
feront toujours rapprochés du complet autant qu'il
fera possible. -- Le prix d'engagement des Miliciens
qui n'auront pas été remplacés & de ceux qui s'ab-
senteront, formera une masse dans la caisse de la Municipalité de chaque District principal. -- Ces masses
feront employées en recrues ordinaires pour suppléer
au non-complet des Milices. -- Lorsqu'il s'agira de
rassembler les Milices de quatre Districts, la Municipalité du Chef-lieu sera uniquement chargée de ce
foin. -- Mais dès qu'elles feront ensemble pour aller
se réunir à leur Régiment, elle feront partie du corps
qui les attendra, & prêteront serment d'obéir à l'officier
particulier qui sera chargé de les recevoir. -- Le Chef
régimentaire aura envoyé au principal District qui le
concerne, les Officiers & les bas-Officiers nécessaires
pour recevoir la troupe & la conduire au Régiment.
-- Dès que ces Corps des Milices auront prêté leur
serment particulier de discipline, ils recevront la solde
régimentaire ; & dès qu'ils se mettront en marche, ils
auront la paye de route, selon un nouveau réglement
concernant les Etapes -- Chacun des quatre-vingt-huit
Districts aura en magasin les habillemens & l'armement complets pour trois tailles & pour 500 hommes

Ils seront choisis comme ceux des Milices réglées ; mais ils ne seront ni exercés ni rassemblés pendant le tems que ceux-ci seront présens à leurs demeures , & ce ne sera que pendant la guerre qu'ils remplaceront leurs concitoyens absens , avec l'espoir de donner, comme eux, un utile secours à la Patrie.

-- Mais l'armement pourra être subdivisé pour les exercices des Dimanches dans les Chef-lieux des différentes Communautés. -- L'habillement sera fourni par les Communautés & l'armement par le Roi , & sur les lieux. -- Les Milices destinées pour la Cavalerie trouveront à portée de leurs Régimens des dépôts de remonte & des Ecoles fondées. -- L'uniforme sera exactement celui des Régimens auxquels les Districts auront à fournir leurs milices ; il n'y aura aucune distinction visible entre les anciens soldats & les miliciens qui seront incorporés en proportions égales dans les différentes compagnies.

SECTION IV.

De la Force militaire permanente, & d'une nouvelle organisation de l'Armée.

AVANT de vouloir conftituer l'Armée, il convient de favoir qu'elle doit être fa force effective.

Si l'on ne fait attention qu'à la fituation des finances, à la néceffité d'augmenter le prêt des troupes, à la convenance de préférer des bras qui fécondent la terre à des bras, en apparence, inutilement armés pendant de longs intervales de paix, à la fituation de nos terres bornées par des mers, les Pyrennées, les Alpes, & par une double enceinte de Places fortes, fi l'on fait attention à la fûreté que femblent nous promettre nos alliances politiques, & fur-tout à l'avantage d'une modération raifonnée qui ne nous laiffe que nos Provinces à défendre, & ne nous permet pas d'envier celles de nos voifins ; on penfera que l'Armée devroit être diminuée, & peut-être propoferoit-on de la réduire aux deux tiers de fa force actuelle.

Mais fi l'on réfléchit qu'une politique ambitieufe peut, au moment le plus inattendu, mé-

connoître

connoître les liens de la confiance & de la foi promife, que les Puiffances rivales font conti- nuellement, par de nombreux corps de troupes & des conftitutions toutes militaires, en fituation de méditer des projets hoftiles ; qu'une triple Confédération s'eft formée, & peut menacer au moment le moins prévu, nos Colonies & nos frontieres ; qu'une défenfive trop affujettie livre- roit, au début même de la guerre, le centre du Royaume aux incurfions des étrangers ; que plu- fieurs de nos Provinces, anciennement conquifes, nous appartiennent à des titres de propriété qu'on nous difputeroit fans doute, fi nous ceffions d'être en état de les défendre ; que les Traités font nuls dès qu'on a le pouvoir de les contefter ; que nos Côtes & nos Ports font étendus & jaloufés, que nos Colonies exigent des garnifons, & notre commerce des foldats qui le protegent ; qu'une longue paix vient de nous affoiblir, du moins dans l'opinion de nos rivaux ; que la population n'eft point l'Armée, & que quand on a beaucoup de bras à employer, il faut encore beaucoup de temps pour faire des Soldats ; fans doute, par ces confidérations, affirmeroit-on que notre Armée, dans fa force actuelle, ne doit fouffrir aucune diminution.

Après avoir balancé avec circonfpection ces

motifs oppofés, ce n'eft encore qu'à regret qu'on ofe prononcer de réduire l'Armée à environ cent vingt mille hommes, dont quatre-vingt-dix mille d'infanterie, vingt mille de cavalerie, & dix à douze mille d'un corps d'élite & de réferve, & de compenfer la réforme que l'on fera par les avantages d'une meilleure Conftitution militaire, & une tactique moins reftrainte aux manœuvres des corps féparés les uns des autres ; par l'exacti-tude du complet, les encouragemens nouveaux, & la difcipline de l'honneur mife à la place d'une aviliffante févérité ; enfin, par le nouvel ufage d'un vrai efprit National fubftitué à de ferviles imitations étrangeres.

Une loi immuable ne prononcera pas défini-tivement fur le nombre des troupes qui compo-feront, dans tous les tems, la permanence de l'Armée ; ce feroit entreprendre de fixer le jeu des paffions humaines & les projets de l'ambition des Puiffances rivales, & la force inftantanée que leur donneroient des Traités de nouvelles Alliances of-fenfives. Vouloir affujettir à un calcul précis une réfiftance quelconque, c'eft vouloir maîtrifer les paffions qui agiffent en fens oppofés. La mefure de l'attaque prefcrit la mefure de la défenfe ; mais l'attaque qui peut être preffentie, n'eft ja-mais déterminée fans variations. Un feul Traité inattendu peut solliciter rapidement le secours de cent mille bras ; un seul Traité peut les désarmer en un instant.

Le Pouvoir législatif ne s'exerce que dans l'intérieur des états ; il ordonne pour tous les tems ; il s'établit sur des données fixes, & qui ne sont point dans la dépendance des volontés sur lesquelles il ne peut établir aucun empire ; mais le Monarque, défenseur de l'État comme des Loix qui le gouvernent, a le secret des sentimens qui dirigent la conduite des Puissances rivales, il affoibliroit ses moyens s'il divulgoit ses secrets ; dans le calme de la paix il entretient un supplément de force qui paroît inutile, & sa prévoyance a déconcerté l'ennemi dont il a prévu les desseins ; il a éloigné la guerre par l'appareil de la guerre ; il est économe lorsqu'on le croit prodigue. La force de l'Armée, son organisation, ses destinations dépendent donc inévitablement de la fortune des événemens & de la sagesse du Monarque.

On dira que la population du Royaume & la valeur françoise composeroient sans obstacle & sans retard des Armées formidables ; mais le nombre & le courage seuls ne font point des Armées ; jamais elles ne sortiroient toutes préparées de no paisibles Hameaux, le nombre les rendroit embarrassantes, la valeur même les rendroit indis-

ciplinées. ; les garnisons , les camps , l'habitude
& le tems donnent feuls des Soldats, & promet-
tent des victoires (1).

____

(1) Nous infifterons fur cette obfervation importante ,
parce qu'elle combat une opinion dont les conféquences ,
fi on les érigeoit en principes , feroient infiniment dan-
gereufes. Cette opinion manifefte un fentiment de fupé-
riorité , elle féduit l'inexpérience , elle fatisfait les premiers élans du courage , qui n'eft jamais plus réel que
quand il ne compare point la difficulté d'entreprendre
avec le moyen de réuffir , que quand il fe fie à lui-même
& ne s'entoure point de reffources étrangeres. ⸺ Mais
quand l'expérience & la maturité de l'âge , fans affoiblir
la valeur , ont donné le tems de la définir , on a appris
que pour qu'elle foit plus fûre dans fa marche , plus
égale dans fes effets , elle doit s'affujettir à des me-
fures preferites & s'aider des renfeignemens d'un art
qui la fortifie & lui donne de la conftance , lorfqu'elle
fait profiter de fes utiles leçons. ⸺ La valeur indépen-
dante convient à l'Etre ifolé qui ne peut rien devoir qu'à
lui-même ; des prodiges inattendus font ordinairement
la récompenfe de fon dévouement & du mépris de la vie.
Cette forte de courage appartiendra , fans doute à des
Milices Françoifes qu'un choix intelligent aura raffem-
blées. ⸺ Mais ce genre de valeur n'eft point celui des
Corps de Troupes réglées ; celui-ci doit avoir été fubor-
donné à des calculs , & , pour ainfi dire , établi à l'u-
niffon. Des Corps formés pour agir en maffe , pour obtenir le plus fouvent par des effets phyfiques ce qu'ils
n'obtiendroient point d'une feule impulfion morale , fe-

Pour que l'armée soit mieux conſtituée, on obſervera que les différentes armes ſe prêtent une

ront compoſés, autant qu'il ſera poſſible, d'individus également animés, également attentifs à ſuivre l'impulſion qui leur ſera communiquée. Une ligne de Soldats ſe prolonge & fait face à la mort, les uns la craignent, les autres la bravent, tous ont des dégrès différents de valeur naturelle; que chacun d'eux ſe livre à ſon premier mouvement, & cette ligne flottante, rompue ſera bientôt diſperſée par la ſeule force méchanique du choc du Corps qui lui aura été oppoſé. Mais que l'exceſſive valeur ſe modere, que l'exemple & la néceſſité aiguillonnent & preſſent l'homme timide ou celui qui n'eſt qu'indécis, la ligne reſtera entiere, ſoumiſe aux loix du mouvement; elle réſiſtera, avec plus de ſûreté, par ſa force phyſique que par les déterminations des êtres divers qui la compoſent. Tel eſt l'avantage inappréciable de la diſcipline; une lente habitude peut ſeule avoir procuré cet avantage. — On ne doit s'attendre, en employant des Troupes nouvellement raſſemblées, qu'à des dégats de ſubſiſtances, à des marches confuſes & embarraſſées, à l'inexécution involontaire des ordres les plus ſagement médités, à des déroutes irréparables. Et puiſque le *ſecret de la victoire*, ſelon l'expreſſion du maréchal de Saxe, *eſt dans les jambes des Soldats*; que l'Evolution exacte & rapide d'un ſeul Corps lui donnant une poſition inattendue lui fait gagner une bataille, ce ne ſera point ſa valeur eule, mais ſon obéiſſance, l'ancien uſage de ſes mouvemens divers qui l'empêcheront de ſe rompre & ſe diſperſer, avant d'être parvenu à ſa plus eſſentielle deſtina-

force dont on avoue les avantages , mais dont il paroît que nos institutions modernes ont trop négligé l'usage. Les Anciens avoient des armes de jet, des corps pesamment armés, & de la cavalerie légere , toujours en mesure par des charges rapides, de rallier l'infanterie , ou de disperser l'ennemi, que leur infanterie avoit déjà ébranlé. Ces différentes armes composoient des Légions, dont les parties rapprochées n'avoient qu'une même impulsion, une même volonté.

Nous pourrions , comme les Anciens , réunir nos armes sous un même esprit de corps, & composer des Légions françaises avec des troupes légeres , de gros corps d'infanterie , & quelques troupes à cheval. Cette idée n'est certainement pas nouvelle ; elle exprime même un vœu assez général.

Cependant, comme il est vrai que les changemens de formes dans la Constitution militaire occasionnent une sorte d'étonnement accidentelle-

---

tion, Malgré tous les obstacles, supposons que la seule valeur ait vaincu, si la Troupe victorieuse n'a pas été long-tems assujettie au frein imposant de la discipline, elle s'abandonnera à l'ivresse de ses succès, elle se dispersera dans sa course précipitée , & l'ennemi qu'elle aura déjà vaincu ressaisira la victoire.

ment-nuifible, & que les circonftances préfentes néceffitent que l'on differe l'exécution des projets dont l'utilité ne feroit pas généralement reconnue, on fe contentera de fupprimer, dans les différens Corps qui compofent l'Armée, les vicieufes inftitutions que l'on y a introduites, & de rappeller une partie de celles qu'on avoit, mal-à-propos, dévouées à l'oubli.

De l'abandon de plufieurs inftitutions, qui ont été tour-à-tour prefcrites, abandonnées & renouvellées de vingt manieres, depuis trente années, dans le régime de l'Armée françaife, naîtra tout naturellement, non pas une combinaifon de formes nouvelles, (l'expérience doit enfin nous garantir contre le caprice des nouveautés) mais le retour vers des principes conftitutifs, dont l'expérience, le tems & nos anciennes victoires avoient confacré l'ufage.

Nos corps d'infanterie font trop peu nombreux, à la fin d'une campagne, & quelquefois dès la premiere, ils n'ont prefque plus de folidité, quand les hafards de la guerre, les maladies & la défertion les ont énervés. Les Corps foibles par le nombre, ont difficilement cette énergie que produit le premier apperçu des forces réunies, lorfque, par l'unanimité des volontés & le concours des moyens, on fent tout ce qu'on eft en état d'entre

prendre. C'eſt une Conſtitution trop foible que
celle qui n'unit que deux Bataillons enſemble. En
doublant des Régimens, on aura moins de Chefs
à placer ; mais on n'a pas des corps de troupes
pour leur donner des Chefs ; le nombre des Chefs
doit ſe ſubordonner, au contraire, à la plus utile
inſtitution des troupes.

Les corps doivent être nombreux ; mais les ſec-
tions de ces corps, les compagnies ne doivent pas
l'être. Le nombre des Officiers a toujours fait la
principale force des armées françaiſes. Sur un eſ-
pace plus borné où la vue ſe dirige, où la voix
ſe fait écouter, chaque Officier particulier peut,
avec plus de facilité, étendre ſa ſurveillance ; &
c'eſt pourtant de cette ſurveillance que dépend,
un jour de combat, le deuil ou la gloire de tout
un peuple.

Des corps nombreux ne doivent pas être con-
fiés à la ſeule valeur, que l'expérience ne guide
point encore. A quoi ſervent des Officiers-géné-
raux, fortuitement placés devant l'ennemi, à la
tête d'une brigade qui ne les connoît point, &
dont ils ne ſont point connus ? Chefs un inſtant
prêtés à la troupe, en ont-ils mérité la confiance ?
De quelle utilité ſont ces inſpections, faites en
parcourant des routes, lorſque l'Officier-général
qui en eſt chargé s'empreſſe de diſpenſer la louange

ou le reproche, & qu'il entreprend de rassembler en peu de jours les renseignemens importans qui doivent décider de la discipline d'une année entiere ?

Le Roi conservera des Gouverneurs & leurs Lieutenans dans ses provinces, la plupart sont éloignées du séjour du Monarque, elles ne sont pas toutes à portée d'apprécier sa bienfaisance & ses intentions ; mais ce précieux avantage de représenter le Chef de la Nation, & de rappeller ses attributs divers, l'Etat ne doit point à la fois le concéder & le payer trop cher ; de grands honneurs ne doivent point être salariés avec prodigalité ; de moindres traitemens attachés à ces premieres places ; si l'on consulte les sentimens généreux de ceux qui les possedent plus encore que les besoins de l'Etat, ne seront plus qu'une partie du dédomagement qu'exigent les dépenses d'une représentation honorable & nécessaire.

Les Gouverneurs & leurs Lieutenans seront souvent présents dans les provinces, & ce ne sera que dans des cas particuliers que le Gouvernement employera des Commandans subordonnés.

Lorsque des Officiers Généraux seront, comme on proposera, à la tête des Corps, les Divisions, les Généraux & les Inspecteurs divisionnaires, ne seront plus d'aucune utilité, & quand, pour des simulacres de guerre & de grandes manœuvres, on réunira plusieurs Corps de troupes ; les rangs de l'ancienneté décideront de la subdivision des commandemens.

Les Places frontieres seront entretenues avec soin ; la conservation des Places fortes devient d'autant plus importante, qu'une politique prévoyante doit donner à la France de plus grands moyens de se défendre, quand elle lui fait rejetter presque tous les projets des guerres offensives.

Les Etats-majors des Places frontieres ne seront point supprimés, ils établissent la balance entre le Citoyen & le Soldat, ils resserrent les liens qui leur sont communs. Les Chefs qui commandent les Régimens, seroient en les remplaçant, suspects de prédilections. Enfin, les Etats-majors ne coûtent ou ne doivent presque rien coûter à l'Etat, puisque ces places sont ou doivent être la récompense des braves Officiers, vieillis sous les armes, & que le trésor public seroit obligé d'entretenir, sans exiger d'eux de nouveaux services.

L'établissement des Ecoles-Militaires paroîtra susceptible d'une nouvelle faveur. C'est en soignant avec libéralité ses plantes naissantes que la génération présente peut assurer à la postérité les fruits honorables de la discipline & du courage.

Elle veillera sur la vieilleſſe des peres comme elle aura veillé ſur la jeuneſſe des enfans, aux Invalides, dans cet aſyle d'honneur & de repos où des vieillards, courbés par les outrages du tems, ſe réjouiſſent encore au récit de leurs combats & au ſouvenir de leur valeur ; ils élevent vers le Ciel, en béniſſant la Patrie, des yeux mouillés des larmes de leur reconnoiſſance. Non, ſans doute, la Patrie ne les abandonnera point au bord de leurs tombeaux.

On conviendra que des grades Militaires trop multipliés, n'ont été très-ſouvent que les dons de la faveur ; que la confiance des Soldats ne ſe livre qu'à l'expérience de ceux qui les commandent. On voudra que la Juſtice, ſans bandeau, remplace à l'avenir la faveur aveugle ; on voudra peut-être que des traitemens exceſſifs dont jouiſſent quelques hommes riches, ſoient diminués, & l'équité de ceux qui ont ajouté cette richeſſe empruntée à celle que des héritages leur avoient déjà tranſmis, s'empreſſera, ſans doute, de rendre à la Patrie d'inutiles bienfaits qui lui ſerviront à ſatisfaire de vrais beſoins.

C'eſt alors que la Nation, plus économe & plus généreuſe à la fois, pourra répandre ſes dons ſur des Officiers parvenus, en vieilliſſant à des grades ſupérieurs ; dans la réunion de leurs travaux se trouve le témoignage du dévouement de leur vie entiere, & presque toujours du sacrifice de leurs fortunes. La plupart n'ont plus que des instans pour jouir, & des vœux à prononcer pour la liberté & la gloire de la Nation.

De ces idées élémentaires que nous pourrions étendre sans doute, en nous livrant au sentiment du bien public qui nous anime, se déduiront les institutions suivantes; nous n'indiquons que les titres des Ordonnances & des Réglemens qui serviroient de bases à une nouvelle législation militaire.

TITRES

DES Ordonnances & des Réglemens convenables à la nouvelle organisation de l'Armée.

I. Les Régimens d'Infanterie seront doublés & remis tous à quatre Bataillons.

II. Chaque Bataillon aura treize Compagnies, dont une de Grenadiers. Les Chasseurs seront incorporés dans les Compagnies, au nombre de six dans chacune.

III. Chaque Compagnie sera, au premier complet, de cinquante-six hommes, non compris les Officiers.

IV. Chaque Régiment, en tems de paix, sera de trois mille soixante-huit hommes, compris les Officiers, hors l'Etat-Major.

V. Au premier pied de guerre, de quatre mille cinq cents soixante-seize, par la premiere incorporation des Milices réglées.

VI. Au grand complet, de six mille trente-deux par la seconde incorporation des Milices suppléantes; mais dans cette derniere formation, le complet possible ne sera plus qu'une approximation.

VII. Les Compagnies seront commandées par trois Officiers avant la premiere incorporation, par quatre Officiers lors de cette incorporation, & par cinq au grand complet.

VIII. Dans les trois situations, la Compagnie n'aura qu'un seul Capitaine ; selon la seconde situation, un Lieutenant & deux Sous-Lieutenans, & selon la troisieme, deux Lieutenans & deux Sous-Lieutenans.

IX. Il semble qu'il convient de ne pas assujettir l'Armée, au moment présent & par un mouvement trop rapide, à la formation qui sera ordonnée pour l'avenir, & que la premiere opération peut se réduire au doublement des Régimens, au dédoublement des Compagnies, à l'incorporation des Officiers des Régimens supprimés, & à un complet des Corps accidentellement inférieur à la composition préscrite pour les tems qui suivront.

X. Dans l'attente d'une conformation Légionnaire, il ne sera fait aucun changement dans la Cavalerie, les Dragons & les Troupes légeres. La réforme préscrite sur la totalité de la Cavalerie, s'effectuera par le non complet des compagnies (1).

---

(1) Ce que l'expérience de douze campagnes de guerre, des lectures & des réflexions ont pû nous apprendre, nous a persuadé de l'avantage que l'on auroit de composer & de diriger l'armée par Légions, — Le régime prompt & facile que nous indiquons maintenant, prépare cette seconde formation. — Chaque Légion, au tems de paix, seroit de 4424 hommes, l'Etat major compris ; elle auroit son service de 143 Artilleurs ou ouvriers, & de 8 pieces de canon ; celui de trois Corps alternativement & à volonté, séparés ou réunis de 284 Grenadiers, 285 Chasseurs & 285 Dragons, dont 140 seulement seroient montés ; l'équipement, l'armement, l'ordre de bataille & ses divers changemens, tels que nous les proposerions, seroient simples, invariables, & paroîtroient convenables à la défense, à l'attaque & au passage rapide de l'une à l'autre ; les moyens de recrutement seroient prévus & assurés pour que la Légion fût toujours complette ; son entretien coûteroit 1,587,185 liv. — Au premier apperçu de guerre, on auroit avec certitude & sans délais, l'usage d'un premier moyen préparé par

XI. Les recrues ordinaires d'hommes & les remontes des chevaux seront rendues, non aux Capitaines, mais aux Corps, & réparties proportionnément dans les compagnies.

XII. Chaque Capitaine aura la faculté d'attribuer à sa compagnie & de préférence, les hommes qu'il aura pu se procurer directement, ou par le concours de ses Officiers & bas-Officiers.

---

les *Milices existantes* pour porter la Légion au nombre de 5400 hommes, dont 200 Artilleurs, 408 Grénadiers, 408 Chasseurs & 408 Dragons montés. Dans cette situation, la Légion coûteroit 2,037,460 liv. — 24 Légions toutes semblables, composeroient, pendant la paix, une armée de 106,176 hommes; mais l'Armée ne seroit ordinairement à l'effectif, par de nouveaux Réglemens concernant les semestres, que de 70784 hommes; & pendant la guerre, de 153,600, dont 8160 Dragons. — La dépense de 24 Légions seroit pour le tems de paix à leur complet, en rappellant les semestriers, de 34,918,080 liv., & dans son moindre complet ordinaire, de 29,098,400 liv. Les appointemens & la solde des 24 Légions seroient pour le tems de la guerre, de 48,891,848 liv.; enfin, de troisiemes moyens de prévoyance, par les *Milices suppléantes*, entretiendroient successivement ce grand complet des Légions, pendant toute la durée de la guerre. — La Cavalerie de ligne, les Troupes légeres & un Corps de réserve, auroient, sur un ordre de bataille général, leurs destinations particulieres.

Ainsi, on offrira au Capitaine l'homme choisi, de gré à gré, & par un accord facile, dans une masse commune ; on aura rapproché les intérêts qui unissent le commandement à l'obéissance ; on aura donné à l'honneur une garantie commune.

XIII. Dans les tems d'une paix assurée, le nombre & la durée des semestres, l'abandon d'une partie des appointemens & de la solde, & la correspondance des Semestriers avec les Corps, seront determinés par un nouveau Réglement.

XIV. Les Conseils d'administration seront conservés ; mais leurs formules de bureaux seront abrégées pa le fait même de la nouvelle composition des Régimens.

XV. Le régime des masses dans les corps, une grande partie de ce travail consigné dans les dernieres Ordonnances, utile à quelques égards, mais nuisible en ce qu'il a été la source d'un mécontentement sourd & d'une méfiance continuelle du Soldat à l'égard de ceux qui le commandent, sera simplifiée, & les décomptes de toute espèce seront faits à des époques plus rapprochées.

XVI. Les Lieutenances-colonelles seront rendues à l'ancienneté, pour que l'espoir de commander soit donné à tous, que la constance dans le service soit récompensée, & que les fruits de l'expérience acquise ne soient plus perdus.

XVI.

XVII. Les concordats à l'occasion de ce grade, pourront avoir lieu sous des conditions privées, consenties par tout le Corps des Capitaines du Régiment. — Le concordat est, en quelque sorte, une derniere épreuve du zèle militaire ; par son acceptation, il termine paisiblement la carriere de l'homme infirme ou de celui qui n'a eu que des vertus communes ; par son refus, il distingue & montre l'homme supérieur qui dévoue tout son courage & tous ses talens.

XVIII. La Majorité ne sera plus un grade dans l'Armée, elle sera donnée comme une preuve de la confiance des Corps pour des talens reconnus.

XIX. Dès que la Majorité sera vacante par démission volontaire ou autres événemens, les Capitaines proposeront à leur Inspecteur trois sujets de leurs Corps ; le Ministre les proposera à Sa Majesté, qui choisira l'un des trois.

XX. Dès que le grade de la Majorité sera éteint, le seul obstacle au rappel des Commandans de bataillon sans troupes, n'existera plus. Ces emplois rétablis appartiendront, dans chaque Régiment, aux deux plus anciens Capitaines ; toutes les parties d'un Bataillon seront mieux liées sous un Chef particulier ; le rang de Capitaine aura regagné une de ses anciennes distinctions ; aucun autre rang intermédiaire ne le séparera plus de la Lieutenance-colonelle.

XXI. Les Colonels & Majors en second, cet intermédiaire qui foumet le vrai intérêt des corps à la fatisfaction de placer des fujets, qui gêne, à la fois, & le rang qui eft au-deffus & celui qui eft inférieur fera fupprimé, ceux qui l'exercent maintenant feront préfumés en activité jufqu'à ce qu'ils aient été remplacés.

XXII. C'eft par la néceffité de relever l'importance d'un des Emplois des plus utiles & des plus multipliés, & d'unir les Capitaines d'un même Corps par une réciprocité de bienfaits & des liens plus fraternels, qu'il paroît convenable que la préfentation des Sous-Lieutenans, dont la nomination fera dévolue aux Corps, foit adreffée au Colonel par le Capitaine, dont la compagnie aura fa fous-lieutenance vacante : le Capitaine propofera trois fujets ; le Colonel choifira celui des trois qu'il préférera de préfenter au Miniftre.

XXIII. Les peines contre les délits feront adoucies. C'eft dans ce travail, fur-tout, que le Légiflateur ne doit jamais perdre de vue l'objet moral, & qu'il doit punir, autant qu'il lui eft poffible, par le feul châtiment de la honte.

XXIV. La peine de mort ne fera prononcée contre la défertion qu'à la troifieme récidive.

XXV. A côté des peines prononcées, on étâ-
blira des récompenses pour l'exactitude du service,
pour le mérite persévérant des Soldats attachés à
leur état.

XXVI. Les récompenses ne seront point pécuniaires, mais honorifiques & encourageantes ; elles
seront décernées par les chefs à la demande des
pairs de ceux qui les auront méritées.

XXVII. L'obligation de monter sans armes la
premiere garde en présence de celui qui rempla-
cera, sera une des punitions infligées ; la peine de
prison sera ordonnée, mais on aura auparavant
veillé soigneusement à la salubrité des prisons Militaires.

XXVIII. Dès que la punition pour délits dés-
honorans aura été infâmante, (ce genre de châtiment doit toujours être sévere), le coupable sera
chassé de son Corps, & sa honte sera signalée dans
le cartouche qu'il recevra.

XXIX. Les Engagemens ne seront plus que de
six années.

XXX. Les seconds Engagemens & les suivans,
feront mention de la reconnoissance de la Nation
& de la satisfaction des Chefs.

XXXI. Les troisiemes Engagemens vaudront
deux sols par jour de haute-paye.

XXXII. Et après un cinquieme Engagement,

Les Soldats & Cavaliers conferveront deux tiers de leur paye, s'il ne veulent point les Invalides en prenant leur congé abfolu.

XXXIII. La paye actuelle fera augmentée de deux fols par jour pour les Fufiliers, Cavaliers, Grenadiers, Carabiniers, & les Bas-Officiers & de trois fols pour les Sergens & Maréchaux-de-Logis.

XXXIV. Les appointemens des Officiers feront augmentés pour tous les grades actifs, d'un fixieme en fus des appointemens actuels.

XXXVI. Les Régimens étrangers conferveront les avantages dont ils jouiffent.

XXXVII. Les Régimens Suiffes conferveront, felon leurs Capitulations, leur folde & leur régime actuel.

XXXVIII. Les uns & les autres participeront au bienfait accordé aux Troupes Françoifes, dans une proportion que doivent limiter les avantages de leur traitement actuel. — On a quelquefois propofé de licentier les Etrangers, mais on n'a peut-être pas fait affez d'attention à l'avantage qu'ils procurent, en augmentant, pour ainfi dire, la population de l'Etat par l'offre de leurs fervices, volontaires. Chaque étranger qui fe donne à nos Armées, rend deux bras à notre culture ou à nos arts de la paix.

XXXIX. Les Exercices & les Évolutions sont susceptibles d'être simplifiés.

XL. Les simulacres de guerre, les marches rapides & les exercices à feu, seront plus souvent renouvellés.

XLI. On réunira au moins deux fois toutes les années, les Régimens qui seront le plus à portée les uns des autres, pour les exercer ensemble.

XLII. Le régime des vivres, des fourrages & des hôpitaux, sera fait comme autrefois, par entreprises; mais sous des clauses plus économiques d'un Réglement nouveau.

XLIII. Il sera fait un nouveau Réglement, utile aux provinces, concernant les Etapes.

XLIV. Pour maintenir la discipline de l'Armée, la plus grande partie de l'infanterie ne sera employée que sur les frontieres, en premiere & seconde ligne.

XLV. La Cavalerie, dans ses Cantonnemens, sera plus rapprochée du centre du Royaume, où elle contribuera, par un service particulier qui lui sera prescrit, à la sûreté des Communications.

XLVI. Les Troupes ne prêteront main-forte, en se conformant à des formules connues dès Citoyens comme de l'Armée, qu'à la réquisition des Municipalités ou des Tribunaux; ne pouvant y avoir de fervices relatifs aux Citoyens, que céux qui maintiennent la police générale, ou ceux qui affurent la punition des délits.

XLVII. Chaque Régiment d'infanterie fera commandé par un Maréchal-de-Camp qui l'infpectera : tous les Officiers du même Corps lui feront fubordonnés comme à leur premier Chef.

XLVIII. Cet Officier-Commandant fera préfent à fon Corps, chaque année, pendant quatre mois.

XLIX. Un Réglement de difcipline diftinguera les diverfes parties du Commandement, en confervant aux Colonels ce qui peut leur appartenir de police immédiate.

L. Les anciens noms, les anciens uniformes, feront rendus aux Régimens, parce que des mots déterminent, le plus fouvent, le fentiment & la penfée, & que des noms illuftrés par de belles actions, n'ont pas dû être changés en dénominations arbitaires.

LI. L'Officier-Général-Commandant appartenant fédentairement au Corps qui lui fera confié, en portera l'uniforme.

LII. Les uniformes ne feront plus à la troupe feulement, des habits défignant un fervice actif, ils feront un vêtement habituel & diftinctif de l'état militaire ; ils feront portés à la Cour &

devant le Roi. Un grand uniforme fera défigné aux Officiers fupérieurs & généraux, pour les fêtes publiques & les jours où le Souverain tiendra fa Cour.

LIII. En attendant une nouvelle formation légionaire, où une partie de la Cavalerie & des Dragons fera introduite, il fera défigné un Ma-réchal-de-Camp au commandement & à l'infpec-tion de deux régimens de Cavalerie & de Dragons.

LIV. Quatre Lieutenans-Généraux rédigeront les infpections particulieres, & feront leur tra-vail avec le Miniftre de la guerre.

LV. S'il fe fait des raffemblemens pour de grandes manœuvres, il y fera employé extraordi-nairement des Lieutenans-Généraux.

LVI. Le dernier Réglement concernant les grades fera fupprimé; les grades fupérieurs feront donnés au mérite ou à l'ancienneté, felon les conditions immuables d'un nouveau Réglement qui en limitera le nombre, & rendra aux Commandemens fupérieurs leur ancienne prééminence.

LVII. Tout Officier qui fera parvenu par tous les grades, & qui aura eu, avant d'être Officier-général, quarante années de fervice, fera cenfé en activité permanente. On ne punira point la conftance de fes travaux par l'inutilité des reftes

de fa vie, de froides louanges & fa réforme involontaire.

LVIII. Les penfions de retraite ne feront accordées qu'au grade de Capitaine & aux grades
fupérieurs. Les Officiers que des bleſſures auroient réduits à l'impuiſſance de fervir, & ceux
qui feront parvenus par l'état de Soldat, feront
exceptés de ce Réglement.

LIX. Les penfions de retraite feront augmentées à l'avenir, mais dans une proportion diffé-
rente, felon les années de fervice qui les auront
méritées.

LX. Les Capitaines répondent de la difcipline, de la conduite, des qualités de la troupe
qui leur eſt confiée; ils créent, ils entretiennent
les vrais élémens de l'Armée. Les noms, les titres
de ces emplois honorables ne doivent point être
obtenus par l'amour - propre oifif. On laiſſera
éteindre les brevets à la fuite ou de remplacement;
tous les brevets déformais feront actifs.

LXI. La Croix de Saint Louis ne fera donnée
qu'à des Officiers en fervice de corps ou de troupes, fans interprétations arbitraires.

LXII. Les fonds de cet ordre feront augmenté,
par une partie des fonds des penfions du Tréfor,
& les nouvelles penfions feront accordées en gratifications annuelles aux officiers, dans leur fer-

vice actif, qui auront de puis plus de douze années la décoration de la Croix. Ces pensions foibles d'abord, seront augmentées tous les deux ans ; elles cesseront à l'instant des retraites accordées.

LXIII. Ce fut originairement par un abus de la faveur que des graces pécuniaires se joignirent à la plupart des graces honorifiques, comme s'il étoit juste que le Gouvernement paiât les graces qu'il accorde. Si les honneurs devoient & pouvoient se payer, ce seroit en sens contraire, & par celui qui les reçoit. Il semble donc qu'on ne doit plus attacher de pensions aux dons des hautes distinctions qui frappent la vue & satisfont l'amour-propre, telles que les cordons & les grands-croix.

LXIV. Les grades, les places & les récompenses seront désormais accordés par le Roi dans son Conseil, au rapport des Ministres de chaque Département.

LXV. Les emplois des Etats-Majors des Places seront accordés comme retraite. Ceux qui les exerceront pourront obtenir des lettres de service, & reprendre leur activité selon les circonstances & leur proximité d'une Armée ennemie.

LXVI. Il ne sera rien changé actuellement dans le service & la composition des Corps du Génie &

de l'Artillerie, ni dans la diftribution du fervice de fes Bataillons. Ces deux Corps ne feront jamais incorporés l'un dans l'autre.

LXVII. Il paroît qu'on n'a pas de motifs de conferver le Corps de l'Etat-Major de l'Armée ; les Officiers inftruits qui le compofent maintenant, feront employés à des miffions particulieres ; mais ce Corps n'a pas de défignation affez précife pendant la paix ; & cette école des talens fait attendre long-tems, pour la guerre, les réfultats de l'expérience. Les Officiers des trois Etats-Majors feront choifis, comme autrefois, par la confiance des Généraux, pour les deux tiers du nombre qui en fera donné aux Armées ; le Corps du Génie fournira, de droit, le troifieme tiers.

LXVIII. Le Corps de la Maréchauffée fera progreffivement augmenté jufques au double de fa force actuelle ; ce Corps utile fera rendu fufceptible de quelques graces particulieres.

LXIX. Des Corps d'élite feront établis fous la dénomination de Corps de réferve féparé de la totalité des troupes qui compofent la ligne de bataille, afin de conferver le plus d'uniformité poffible dans la formation & les traitemens des différentes parties de l'Armée. Ce Corps de réferve fera de dix à douze mille hommes. La Gendarmerie fera rendue à la Nation, & fera partie

de ce Corps. — Des Corps d'élite n'auroient pas
dû être supprimés ; ils lient, en quelque sorte, la
partie de Nation la moins fortunée à la partie la plus
opulente. Ces Corps se composent d'une classe de
citoyens que des droits généraux & leur éducation
doivent affranchir des rangs inférieurs, quand leur
fortune ne leur permet pas de s'élever à des rangs
supérieurs.

LXX. Plusieurs abus & des usages détournés
d'une premiere institution, se sont introduits dans le
régime actuel des Ecoles militaires ; l'expérience
les a fait connoître ; il convient d'y remédier
sans délai.

LXXI. Les Provinces n'auront ordinairement pour
Commandans militaires que leurs Gouverneurs
& leurs Lieutenants-Généraux, selon les anciennes patentes & leurs droits honorifiques.

LXXII. Il ne sera plus nommé à des Commandemens en second , hors les circonstances qui paroîtront à Sa Majesté devoir exiger ce service extraor-
dinaire.

LXXIII. Les dernieres Ordonnances concernant
la formation de l'Armée en divisions seront suppri-
mées.

LXXIV. Les petits Commandemens sans activité,
ceux qui donnent un droit d'absence illimité seront supprimés sur le champ, si leurs titulaires
ont d'autres charges ou d'autres appointemens pro

portionnés à leurs grades & à leurs services ; ils ne seront supprimés qu'à la mort des titulaires qui seroient privés de tout autre traitement.

LXXXV. Il sera fait deux nouveaux Réglemens concernant les Classes & les Gardes-côtes, afin d'assurer la Liberté publique en alimentant, avec des moyens suffisans, les services divers du Département de la Marine.

____

Tels sont les principaux changemens qu'il semble que des méprises ou des erreurs ont rendus indispensables ; ils se rapportent tous à des principes anciennement reconnus, & leur exécution ne paroît plus devoir être différée.

Ils se rapportent tous au désir de maintenir, ou plutôt de reproduire, dans toute son énergie le caractere françois, de décomposer & de proscrire des formes étrangeres trop composées & trop froides ; de restituer aux soldats l'opinion de ce qu'ils valent lorsqu'ils se rassemblent sous les étendards unis de la discipline & de l'honneur ; de rendre aux Capitaines le pouvoir & la gloire de constituer essentiellement l'Armée ; ils en sont la véritable Force ; d'élever le commandement qui s'exerce sur eux en les élevant eux-mêmes à la hauteur où ils doivent se trouver ; & de modérer l'ufage des Commandemens fupérieurs par des rapprochemens plus doux & des regles habituelles d'une autorité moins arbitraire (1).

Si des calculs, qu'il feroit inutile de rapporter, ne trompent point, on trouvera les réfultats d'une épargne confidérable, & en même tems une plus

———————————————————

(1) C'eft par une fatalité fans exemple, que la France a vu fon régime Militaire fouffrir les plus dangéreufes altérations fous fes Adminiftrateurs les plus éclairés, & de la plus haute réputation dans l'Europe entiere. Deux hommes de genie jaloux, fans doute, de montrer le pouvoir de l'imagination & de réalifer des fyftèmes, quand l'expérience & la morale feules devoient les diriger, ont dénaturé la Conftitution de l'Armée Françoife. M. le Duc de Choifeul, mieux en état que perfonne d'apprécier ce que le caractere François exigeoit de prévenances, de confiance & d'aménité, altéra le premier cet avantage National qui refte impatient de fe reproduire; mais il n'étoit qu'affoibli, lorfque M. de S. Germain, nourri de fyftèmes Allemands; févere, parce qu'il avoit long-tems éprouvé l'infortune, vint prefcrire à la vivacité Françoife, la patience d'inertie des froids habitans du Nord. Plus récemment encore on a voulu refferrer par des nœuds plus étroits ces chaînes étrangeres, qu'il s'agit enfin de brifer & de remplacer par des liens volontaires d'une difcipline toujours exacte, quand l'honneur la commande & qu'on fe foumet à fon empire.

ſage diſtribution des bienfaits que le tréſor public
doit répandre avec juſtice & ſans prodigalité ;
nous rétrograderons de trente années vers nos premieres inſtitutions de ſageſſe & de force ; & ce
tems dont nos intentions nous rapprochent étoit
celui du bonheur & de la gloire de l'Armée.

Nous n'avons rien détaillé , rien approfondi ;
nos idées ne ſe ſont offertes en abondance &
preſque ſans ſuite , que comme des ſouvenirs dont
nous rappellons la mémoire (1).

---

(1) Nous nous ſommes propoſés de définir la Force
publique , & de déterminer les principaux uſages de
cette arme prudente & vigoureuſe que la Loi prête
au Gouvernement , & dont la Liberté meſure l'emploi
ſelon les juſtes proportions qu'elle ſe donne à elle-
même ; nous voulons encore , en récapitulant nos principes , la conſidérer ſous ſes trois points de vue & ſes
trois actions différentes. — La Force agiſſante n'eſt dans
l'intérieur des Etats , que le bouclier de l'ordre & de
la paix ; elle prévient & diſſipe les attroupemens ; elle
conſerve les propriétés ; elle s'oppoſe à la dépravation
ouverte des mœurs ; elle eſt dans l'enceinte des
Villes une garde domeſtique & vigilante ; mais cette
même force diſperſée dans les Campagnes & ſoumiſe
au ſeul frein de foibles Municipalités ſe livreroit à
l'inaction , ou n'agitoit qu'avec licence ; inſtituée pour
prévenir le déſordre , elle l'occaſionneroit. — Il eſt
donc néceſſaire que le port des armes ne ſoit accordé

Mais il nous reste un objet à traiter ; & nous le croyons un des plus importans.

***

qu'aux Villes , & qu'il soit procuré à l'agriculture , nourrice des arts , l'avantage pacifique de recevoir des lieux où ils sont rassemblés ; la protection qui lui est due. Il paroît nécessaire que cette Force gardienne de la paix soit d'une autre nature que celle de l'Armée uniquement constituée pour la guerre ; il est convenable de l'assujettir à une mesure proportionné aux causes morales & variées , selon les localités , la fortune & les mœurs des Citoyens ; il paroît indispensable qu'elle soit connue du Gouvernement qui doit tout surveiller ; mais qu'elle puisse agir , par son impulsion subite. C'est sur ces principes que nous avons proposé l'institution des Milices Nationales , & leur dépendance immédiate des Municipalités. — Nous avons pensé que cette Force de police devroit être distincte de cette autre Force qui se trouve aussi dans l'intérieur de l'Etat ; & dont la destination directe est d'assurer la permanence de l'Armée suivant des évaluations soumises à l'examen des intérêts politiques de l'Europe. Cette Force ne doit point être agissante par elle-même ; elle n'est que l'attente & le complément de celle qui doit agir contre les ennemis du dehors ; elle doit être par conséquent affranchie de toute contrainte & des chances du sort ; elle conservera à ceux à qui elle sera confiée , l'usage de leur industrie & de toutes leurs facultés , pour que les Campagnes ne cessent point d'être fertilisées ; mais dès les premiers momens qu'elle sera jointe à l'Armée , elle se soumettra sans

La formule du nouveau ferment que les Repréfentans de la Nation viennent de concerter avec fageffe, & que le Roi a été fupplié de faire promulguer dans tous fes Etats, ne peut être, &

---

efforts à l'exemple qui lui fera donné, parce qu'elle fera inférieure dans fa totalité & dans chacune de fes parties, aux Corps difciplinés auxquels elle s'incorporera, & fon infériorité mefurée la réduira à l'imitation. Qu'on change les proportions que nous avons indiquées; que l'on diminue l'armée permanente, ou que l'on augmente la Milice qui doit s'y réunir, le défordre s'introduiroit dans l'Armée; elle ne repréfenteroit plus que la valeur inutile, & les défauts fans nombre de l'Arriere-ban de nos Aïeux. — Et lorfqu'on voudra s'occuper de la force qui doit fe déployer fur des terres ennemies, ou pour la défenfe des frontieres & la sûreté du commerce, ce ne feront point les vertus privées, le courage indépendant qu'il fera queftion d'invoquer, on compofera l'Armée; on l'inftruira fur le principe de tous les tems & de tous les peuples, que la valeur fuffit pour combattre & vaincre corps à corps; mais que la difcipline feule conduit les Bataillons en maffes ferrées; qu'elle réunit les effets de la force phyfique à ceux de la force morale, & le poids qui frappe & renverfe à la volonté qui les dirige jufques au moment où ils fe repofent victorieux fur des champs de bataille; que cette difcipline, enfin, eft l'ouvrage du tems & d'une foumiffion lentement acquife, qui fe donne à l'habitude quand elle fe refufe à la réflexion.

n'eft

n'eſt en effet que le développement d'une formule ancienne, mais trop conciſe.

Les troupes jureront d'être fideles à la Nation
& au Chef de la Nation, ce qui n'eſt qu'un
ſeul & même ſerment, un ſeul & même devoir;
le Roi & la Nation étant indiviſibles.

Les Troupes jureront d'être fideles à la Loi; mais
il s'agit encore ici de la Nation & du Roi, puiſque la Loi n'eſt que l'expreſſion de la volonté de
la Nation, & du premier devoir du Chef qui la
gouverne au nom ſacré de la Loi.

Le Soldat jurera de reſpecter la vie & les poſ-
ſeſſions du Citoyen. Et dans quel pays, dans quel
tems, les défenſeurs, par état, du Citoyen au-
roient-ils pu entendre qu'ils juroient d'uſurper
ſes propriétés ou de menacer ſes jours ; lorſ-
qu'à la requiſition des Officiers civils ou Municipaux ils contiennent, intimident ou puniſſent
des coupables qui s'oppoſent à l'ordre public,
ils n'obéiſſent qu'à la Loi qui leur ordonne de
veiller à ſa ſûreté ; ils ne protegent que le Citoyen qui l'eſt toujours contre celui qui a ceſſé
de l'être ; ils protegent leurs freres contre les com-
plots des familles qui leur ſont devenues étrangeres.

Les Chefs des Troupes s'impoſeront leurs obli-
gations *en préſence* des Officiers Municipaux ; &

cette publicité n'est que le gage & l'assurance constatée avec solemnité des engagemens qui sont réciproquement contractés.

Voilà les devoirs du Soldat-citoyen ; & ce dernier titre ennoblit encore le premier.

Mais le Soldat est-il employé pour repousser l'ennemi de l'Etat ? Et dans toute autre circonstance qui n'intéresse point les Loix de son pays, où le Citoyen isolé n'a rien à réclamer, rien à prétendre, il n'est plus que Soldat ; il jure d'obéir à ses Officiers, d'observer la discipline qui lui est prescrite, de s'y soumettre sans murmures, de se dévouer tout entier, & si ses chefs le lui ordonnent, de mourir, s'il le faut à ses drapeaux.

Ces idées justes suffisent pour développer le vrai sens de la formule du serment dont la Nation & le Roi viennent de consacrer l'usage.

Nous avons voulu exprimer, dans cet Ecrit, le vœu du Monarque, le vœu de la Nation, & les sentimens unis de l'amour de l'Ordre & de la Liberté.

F I N.

De l'Imprimerie de SEGUY-THIBOUST,
Place Cambrai.